【有故事的郵票】

東南亞傳說與美食

丁安妮、王麗蘭、匡春芝、阮氏梅英、葉碧珠、周惠玲／說故事
rabbit 44 ／繪圖

遠流

目錄

一枚郵票是一隻可愛的小白鴿，
帶著我們的思念和祝福，送給遠方的朋友；
一枚郵票能變身成大大的魔毯，
載著我們飛到世界各地，欣賞不思議的故事——

越南人是龍王和仙女的後代？
印尼多峇湖是魚精發怒造成的？
潑水節由來，是因為梵天打賭輸了，砍下自己的頭……？

——哇！太神奇了！
趕快從左邊的東南亞地圖，挑選喜歡的郵票和故事，找到頁數，
故事魔毯要起飛了，讓我們出發去吧！

VIỆT NAM 6000đ
西瓜傳說
請翻到第 76 頁
郵信小百科
首日封學問多
請翻到第 145 頁
郵戲動手做
輕鬆寫一封信
請翻到第 153 頁
編輯後記
東南亞傳說真美味
請翻到第 161 頁
Malaysia 60sen
2019
Tadau Kaamatan
Tarian Sumazau
Gong & Sompoton
稻神
請翻到第 47 頁
羅洲
里曼丹
Timun Emas 1500
Indonesia
金色大黃瓜
請翻到第 117 頁
500
Batu Ballah
KALIMANTAN BARAT
INDONESIA
大嘴石
請翻到第 90 頁
多峇湖
請翻到第 20 頁

龍子仙孫
請翻到第 7 頁
潑水節
請翻到第 34 頁
MYANMAR
Thingyan Water Festival
K200
BƯU CHÍNH
Việt Nam
400đ
緬甸
越南東北部峰洲
越南峨山縣
泰國
貝殼王子
請翻到第 60 頁
2000
越南南部
VIỆT NAM
DÂN CHỦ CỘNG HÒA
30đ
BƯU CHÍNH
馬來西亞
印尼蘇門答臘
牛奶果
請翻到第 131 頁
印尼爪哇島
SANG KANCIL
DENGAN BUAYA
Malaysia
2007
50sen
鼠鹿和鱷魚
請翻到第 104 頁
500
Danau Toba
1999

越南龍子仙孫

阮氏梅英

越南人自稱龍子仙孫，這枚郵票告訴你為什麼……

很久以前在駱越地區，也就是現在的越南北部，有一位龍族的神，他是住在水底龍女神的兒子，名叫駱龍君注。駱龍君擁有強大的魔法，變化莫測，時而住在水底，時而現身陸地。他幫助人們消滅了害人的魚精、狐精和木精，也教人們種植農作物、養殖牲畜、穿著和生活方法。

每當他完成幫助人類的工作之後，就會回到水宮去陪伴母親，直到人們有需要的時候才會出現。

當時，在北方的高山上，有一位屬於神農族的仙女嫗姬，長得非常漂亮。她常到處旅行，喜歡去風景優美的地方。有一次，她偶然聽說駱越地區的花很香，藥草又奇特，就前去遊玩，於是就和貉龍君相遇了。他們相愛，結為夫妻，一起生活在陸地上的隆壯殿。

過不久，嫗姬懷孕，到了產期，她竟然生了一百顆蛋，每一顆蛋都孵化出一個兒子。而且很奇妙的，這一百個嬰兒不需要哺乳，直接像打氣似的迅速長大，

注 貉龍君（Lạc Long Quân），越南古譯名將「貉」字讀作ㄌㄨㄛˋ。

每一個兒子都擁有英俊的臉龐，像他們的父親一樣強健。

有一天，想念水宮生活的駱龍君，覺得自己無法一直脫離水而在陸地上永遠生活下去，於是就跟嫗姬和孩子們告別，回到水宮。嫗姬獨自一人撫養孩子，日復一日悲傷的等待丈夫回到陸地來。最後她呼喚駱龍君上岸來，哀傷的說：「你為什麼離開我，不和我一起撫養孩子？」

駱龍君說：「我原是深水中的龍，你是高山上的仙女。

生活在陸上的人和生活在水中的人，性情和習慣各不相同，很難在同一個地方長期生活。不如我帶五十個孩子到海裡，你帶五十個孩子到山上，分別管理各自的地方。有事的時候，山裡人和海裡人要互相幫助，不要忘記我們的約定。」

於是嫗姬帶了五十個孩子上山，到峰洲居住，也就是現在越南的東北部。

貉龍君指定長子為國王，國號「文郎國」，國王的兒子叫官郎，女兒叫媚娘，父親死後，皇位傳給長子。文郎國經過十八代的傳承，每一代的國王都稱為雄王。

依照貉龍君留下的傳統，歷代雄王都是傳位給長子；可是，到了第六代雄王的時候，卻有不同的想法，他認為王位不一定要傳給長子，而是傳給對人民最有貢獻的王子。只不過，他有二十個兒子，個個都很優秀，在不同領域各有貢獻，所以他還不知道該傳位給誰。

終於，他想到一個辦法，就把所有王子都叫來，宣布次年春天過新年

的時候，哪位王子能準備最珍貴的禮物供奉給祖先，他就把王位傳給他。

二十位王子各自去尋找奇珍異寶，希望當上國王。在這些王子當中，有一位名叫郎遼。他自幼喪母，個性單純，也沒有人幫他籌謀，所以當他聽了父王的宣告，就開始煩惱，不知選什麼禮物才好。

有一天晚上，郎遼夢見一位仙女來跟他說：「這世上沒有什麼比糯米更珍貴的了。你用糯米做圓餅和方餅。把肉和綠豆仁放在裡面做餡，然後用葉子包起來。這個餅是方形的，代表大地，叫它粽子。將糯米碾碎煮熟，捏成扁圓形。

這個餅象徵圓形的天空，稱為糍粑。」

郎遼醒來，就按照仙女的吩咐做了方餅和圓餅。

終於到了獻祭那一天，所有的王子各自帶了來自各地的奇珍異寶，只有郎遼帶來了兩種簡單的餅。本來大家都瞧不起他的禮物，可是國王吃了之後，覺得很特別，就問郎遼，郎遼把自己的夢告訴了父親。

國王聽了非常感動，他說：「沒錯，民以食為天，讓人民和祖先都有好的飲食，這就是最珍貴的禮物。」他決定將王位傳給郎遼。從那時起，每逢春節，越南家庭都會包粽子來祭祀祖先和天地。

故事好郵趣

這篇故事介紹了越南建國的歷史和信仰。前半段貉龍君和嫗姬的故事帶有神話色彩，由於他們是龍神和仙女，又建立了越南歷史上第一個國家「文郎國」（約西元前二八七九年～前二五八年），所以越南人總說自己是龍子仙孫。

貉龍君和嫗姬的傳說是越南人心中的驕傲。二〇〇〇年，越南郵局發行一套名為「貉龍君和嫗姬傳說」的郵票，以六枚連環畫的郵票，講述傳說故事（圖 1-1）。這套郵票由畫家黃翠料（Hoang Thuy Lieu）所繪製的。

貉龍君和嫗姬的長子是「文郎國」第一代雄王，雖然這個古國已經消失，但越南人仍然非常尊敬雄王，每年農曆三月十日都會舉辦雄王節的祭祀，典禮包括各種傳統儀式，人們會獻上各式供品，進香，並演出在越南長期流傳的民間傳說，表示對祖先的尊重，同時感謝雄

圖1-1　越南2000年發行「貉龍君和嫗姬傳說」郵票，左上起分別是：貉龍君和嫗姬結爲夫妻；嫗姬生出100顆蛋，孵化出100個孩子；嫗姬帶著50個孩子上山；貉龍君帶領50個孩子下海；貉龍君的長子登基成爲第一代雄王；越南各族群都是龍子仙孫。(周惠玲收藏)

王號召民族團結的功德。

在雄王節的供品當中，一定不可以缺少的是粽子。粽子也是越南人過年一定要吃的食物，原因就是這篇故事裡所提到的，它象徵獻祭給祖先最珍貴的禮物。越南粽子和臺灣人常吃

圖1-2　越南2015年發行「雄王祭祀信仰——人類代表性非物質文化遺產」郵票，全套包括小全張和三枚郵票，其中右下這枚表現人們正在製作粽子和糍粑，準備祭祀雄王。(周惠玲收藏)

的粽子不太一樣，它的形狀是方的，內餡是肉和綠豆仁。

雄王節在二〇一二年被聯合國教科文組織確認為「人類非物質文化遺產」，而越南郵局也於二〇一五年發行了一套三枚加一枚小全張的「雄王祭祀信仰——人類代表性非物質文化遺產」（圖1-2）。

這套郵票是由兩位畫家武梁兒（Vo Luong Nhi）和武金蓮（Vo Kim Lien）所設計。其中最後一枚郵票展示了粽子、糍粑，以及越南人民準備祭祀雄王的情景。（後記、郵趣／阮氏梅英）

印尼
多峇湖

丁安妮、王麗蘭

釣來的魚竟變成金幣？
郵票裡的漁夫驚訝問：
「我的晚餐呢？」

很久以前，在印尼蘇門答臘島的一座山上，住著一位名叫多峇的農夫。他工作勤奮，肯吃苦耐勞，每天除了辛勤種田之外，最大的興趣就是到河裡釣魚。說也奇怪，每次多峇都能滿載而歸，他的晚餐總是有各式各樣的魚可以吃，日子過得很愜意。

一天傍晚，田裡工作結束之後，多峇又像往常一樣去釣魚，可是這次等了好久，卻釣不到一條魚。多峇抓了抓頭，

說：「奇怪！今天運氣真不好哇！」

「轟隆隆！」突然天邊布滿烏雲，眼看就要下大雨了，多峇趕緊收拾釣具，準備回家。就在這時候，突然釣竿一沉，一條大魚上鉤了！

這條魚有金光閃閃的魚鱗，非常漂亮。多峇小心翼翼的把魚帶回家，準備飽餐一頓。

回到家後，多峇先把魚放在廚房砧板上，正準備生火的

時候，才發現木柴用完了。他只好先跑到屋外去取木柴，回來一看，剛才躺在砧板上的魚竟然不見了，上面卻多了幾枚金幣！多峇心裡焦急，東翻西找還是沒找到。

「奇怪了！魚又沒有腳，到底去了哪裡呢？」多峇沒辦法，只好盛了白飯，準備配小魚乾辣椒，簡單吃一餐。突然他腳步踉蹌，發現廚房門口站著一位長髮飄逸的女孩。

「妳……妳……妳是誰？怎麼會在我家裡？」多峇結結巴巴的問。

女孩微笑著說：「多峇，我就是你今天釣回來的那條魚呀！」多峇驚訝得說不出話來。女孩又接著說：「剛才那些金幣，就是我身上原本的鱗片。」

「那我應該怎麼稱呼妳呢？」多峇小心翼翼的問。

女孩想了一想，說：「就叫我西塔吧！」

就這樣，西塔在多峇的家裡住了下來，兩人過著快樂的生活。不久，多峇決定正式跟西塔求婚。

「多峇，如果你真心想娶我，必須答應我一個條件。」西塔說。

「什麼條件？只要能力做得到，我一定答應你。」多峇信心十足的說。

「你要答應我，永遠不可再提起我的身世。」西塔說，

「除了你，這世界上絕對不能有第三個人知道我是魚的化身。」

「好！我答應你。」多峇拍拍胸脯，再三保證一定會遵守諾言。

婚後不久，他們生下一個漂亮的男孩，取名為薩莫西。然而，薩莫西從小就任性懶惰，難以管教。

有一天，西塔吩咐薩莫西送便當去給在田裡工作的多峇。殊不知，貪玩的薩莫西在半路上停

下來玩耍，耽誤了送飯的時間。玩累了的薩莫西還把父親的便當吃掉了一大半飯菜。

這時候，工作了大半天的多峇等得飢腸轆轆，才看見兒子姍姍來遲。他非常憤怒的把兒子狠狠罵了一頓：「你這個沒教養的孩子！果然是魚的兒子！」

薩莫西不明所以，一路哭著跑回家，向母親哭訴：「媽媽！為什麼爸爸說我是魚的兒子？我不是啊！」

西塔抱著孩子，流下了眼淚。她覺得失望又難過。多峇到底還是違背了他們之間的約定。

西塔冷靜下來後，吩咐薩莫西說：「兒子，聽我說，你現在立刻爬到那座山的大樹上。不管看到什麼、聽到什麼，都不要下來。」

「可是……媽媽，我害怕！」薩莫西撲到西塔的懷裡。

西塔緊緊的抱著薩莫西，深深的親吻他的額頭，說：「薩莫西，我的好兒子啊！媽媽必須先走了。你要記住媽媽的話，以後好好過生活！」

這時候，天空突然烏雲密布，雷電交加，頃刻間就下起了滂沱大雨。西塔流著淚，跑到離家不遠的河邊。

「叱嚓！」天空中劈出一道閃電，就在那一瞬間，西塔縱身一跳，迅速鑽入河中，變回一條大魚。

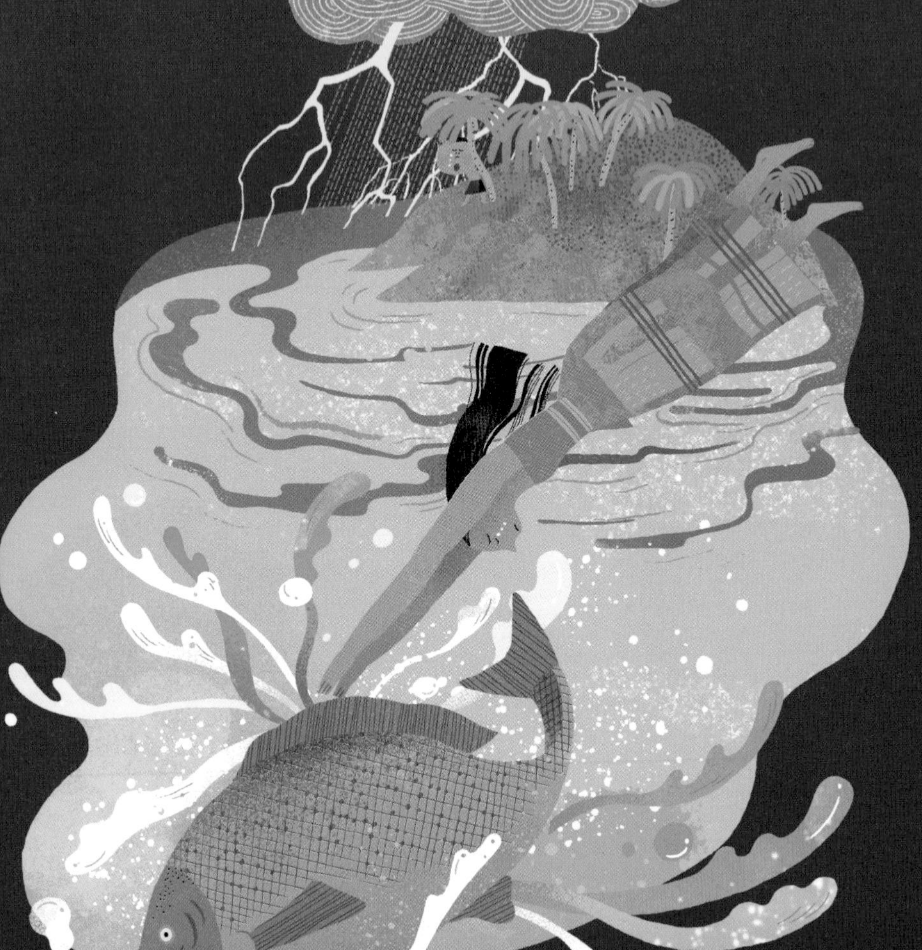

無情的雨越下越大，河水逐漸高漲，很快的把整個村子都淹沒了。多峇的農田也不能倖免。小河慢慢變成大河，再逐漸擴大成一個大湖泊，這就是後來我們看到的「多峇湖」。而薩莫西躲藏的山則變成了湖中之島，名為「薩莫西島」。

如今當地人流傳著這個故事，一代又一代的告誡著：做人要講求信用，答應別人的事，一定要做到。

故事好郵趣

多峇湖（印尼語Danau Toba）是全世界最大的火山湖，位於印尼蘇門答臘島的北部，海拔約九百公尺，跟陽明山的高度差不多，面積將近半個臺灣大，而且，湖中有一個薩莫西島。

據研究，多峇湖是七萬多年前，一次超級火山爆發後，火山破口積水而成，這是地球二十五萬年

以來最猛烈的一次火山大爆發。不過，住在多峇湖附近的巴答克（Batak）族人卻認為，這湖是憤怒的魚精召喚雷雨淹沒大地所造成，而湖中小島是她為了保全孩子所留下的。印尼郵局在一九九九年以連環畫面的郵票來描述這個傳說（圖2-1），一套五枚，最後一枚就是映照著藍天白雲的多峇湖，而票面的上方，隱約可以看見薩莫西島。

多峇湖和湖中島的特殊地貌，堪稱世界奇景。若你站在多峇湖畔，面向浩瀚的湖面，欣賞旖旎的湖光山色，肯定會有心曠神怡的感受。這裡長年天高氣爽，平均氣溫約攝氏二十二度，島上物產豐

圖2-1　印尼1999年發行四套民間故事郵票，其中一套是多峇湖故事，是連續情節的橫五連刷票，圖右的票邊上，印刷色標被設計成魚的形狀。（周惠玲收藏）

饒，島民們辛勤耕作稻米，種植可可樹，也捕撈淡水魚，日子過得很是愜意。

魚，不但是這個故事的主角，也是印尼普遍的美食。印尼從二〇〇四年至二〇一二年，幾乎每年都會發行一套傳統美食郵票，其中魚料理經常上榜，而且烹調方式多元，有鹹水魚、沙嗲魚、香料魚、咖哩魚、酸辣魚，例如二〇一二

圖2-2　印尼2012年發行的美食郵票首日封，右邊這枚是咖哩酸辣魚。（周惠玲收藏）

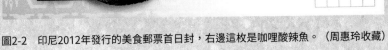

年這套郵票中就介紹了咖哩酸辣魚（圖2-2）。酸辣魚是來自蘇門答臘原住民的傳統美食，如今也傳到了臺灣呢！（後記、郵趣／王麗蘭、周惠玲）

緬甸
潑水節的由來

葉碧珠、周惠玲

各國新年習俗大不同，
郵票裡的人竟然駕著牛車沿街讓別人潑水？

從前，在緬甸有一位占星大師，他不但在人間很有名，名聲還傳揚到了天界。

當時天界有兩位了不起的天神，一位是梵天，另一位是帝釋天。梵天是創造之神，而帝釋天則統領天界。有一次，這兩位偉大的天神，竟然為了計算人間一週該有幾天，爭論不休。梵天主張，滿月的那一週應該要有八天；而帝釋天認為，無論如何一週就應該固定為七天。

兩位天神爭辯得十分激烈，誰也說服不了對方，於是決定去找人間的這位占星大師來作裁決。而且，他們還約定好：輸的一方要把頭砍下來，交給贏的那方。

「人間一週是七天。」占星大師說。梵天聽了，二話不說，立刻把自己的頭砍下來，交給了帝釋天。

砍掉頭，對梵天來說沒什麼大不了的，因為梵天原本有五顆頭，可以看見前、後、左、右，還有上方總共五種角度的景象，如今他把朝上看的頭顱砍下來，還是能看見四方，影響不大。

可是，梵天畢竟是一位了不起的天神，他的頭顱當然也

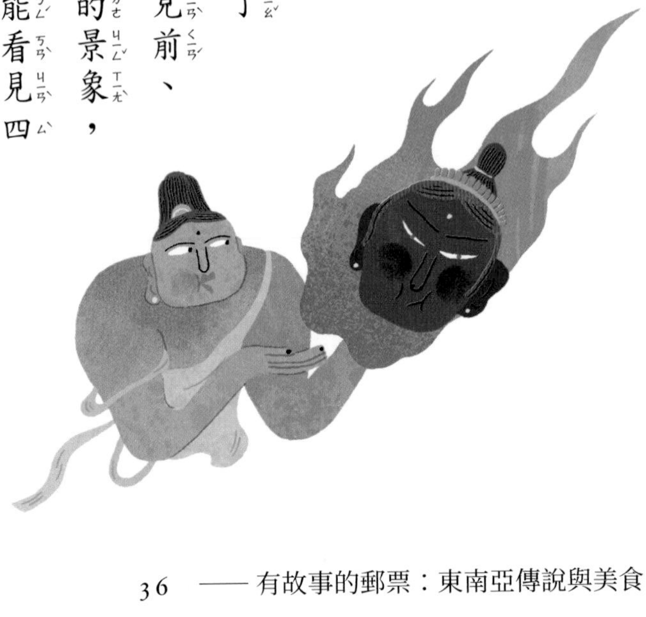

威力無窮，被砍下之後，立刻發出熊熊烈火，照亮整個天界和人間，從白天到黑夜，沒有一刻終止。

帝釋天覺得這火光實在太強，不能一直放著不管。但該怎麼辦呢？如果把梵天的頭丟入大海裡，恐怕不到七天，世間所有海水都會乾竭；如果丟到大地上，火勢凶猛，又可能讓大地上所有農作物乾枯，一旦造成乾旱，所有的生物都無法存活。反正，不管丟到哪裡，都會給人間帶來莫大的災難。

帝釋天一直拿著梵天的頭總不是辦法呀！正當他煩惱得也想砍掉自己的頭時，七位仙女出現了。

七位仙女對帝釋天說，為了人間不要有災難，她們願意輪流來捧梵天的頭顱。也就是說，每一位仙女輪流捧頭顱一天，七位仙女輪完是七天，第八天再輪回第一位仙女。但是，天上的一天，等於人間的一年，所以當一位仙女轉換到另一位仙女接手的日子，就是人間的過年。

從此以後，每一年帝釋天都會帶著七仙女下凡，來到人間做交接的儀式。由於仙女下凡時都抱著梵天那顆冒火的頭顱，帝釋天擔心造成人間的炎熱，所以就吩咐人們要以相互

潑水的方式來迎接七仙女。這就是潑水節的由來。

緬甸人相信，潑水不但可以散熱，還能把過去一整年的髒汙洗淨，以潔淨的身體和環境迎接仙女下凡；而七位仙女分別代表平安、健康、快樂、豐收、分享、孝順、善良和感恩，象徵美好的新年。

在緬甸，潑水節總共有四天：第一天要灑掃潔淨，準備迎接帝釋天和七仙女；第二天帝釋天和七仙女來到人間；第三天是仙女交接頭顱的日子；第四天就是大年初一，帝釋天和仙女們返回天上。

在過年的這幾天裡，緬甸人會吃齋念佛，也會聚在一起唱歌跳舞，娛樂天神也娛樂自己。同時，由於過年期間正是緬甸穀物大豐收的時節，所以人們也會用糯米做成湯圓，分享給親朋好友。在緬甸，吃湯圓代表逢凶化吉，而且過年期間的湯圓裡會放銅板代表好運，或者放辣椒來捉弄人，給人們警惕。正常來說，放的是棕櫚糖及椰子絲。

因為豐收，緬甸的大街小巷都有布施活動，人們會煮一

些美食，免費分享街坊鄰居，廣結善緣；同時會去敬拜父母及長輩，表示孝順及感恩，其中又以幫長輩洗頭髮或剪指甲最為常見。

到了大年初一那天，緬甸人就會帶著鮮花蔬果到廟裡拜拜，迎接新的一年。

故事好郵趣

潑水節，是東南亞許多國家以及中國雲南傣族最盛大的節日，就連臺灣新北市中和區，每年四月也會盛大慶祝潑水節，因為這裡住著很多東南亞來的新住民。

關於潑水節的由來，東南亞各國有不同傳說，泰國和傣族的版本是魔王危害人間，七公主救了大家，而緬甸的故事多了一些占星曆法的趣味，也融入了印度教和佛教的神話。

緬甸人過潑水節，除了故事裡描述的，還會搭著牛車遊行，沿途接受人們的潑水祝福，就像郵票畫面所顯示的情景（圖3-1）。緬甸郵局從二〇一九年一月到十二月，每個月發行一套跟傳統節慶有關的郵票，而且票面上還畫上了季節花木。潑水節是四月十三日到十六日，這套郵票是四月五日發行，畫面上的黃花是「緬甸花梨木」的花，而郵戳也設計成人們互相潑水的圖案。

故事裡說，緬甸人在潑水節時會用糯米做成湯圓，而湯圓餡料最常見的是棕櫚糖及椰子絲。米、椰子、糖，都是緬甸常見的食物，人們常用

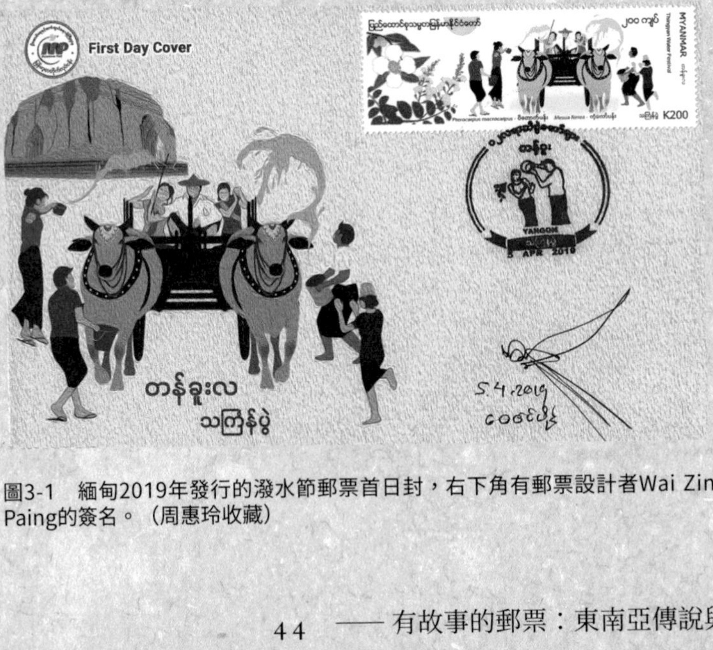

圖3-1　緬甸2019年發行的潑水節郵票首日封，右下角有郵票設計者Wai Zin Paing的簽名。（周惠玲收藏）

來做成各種糕點，甚至還有椰子麵、椰子粥等，當作早餐吃。

除了潑水節之外，有一個節日也跟食物有關，就是每年一到二月的糯糊節（又稱糯米糕節）。節慶時，緬甸人會將糯米煮熟，加入芝麻油、椰子油、花生、薑等，搗成糊狀，然後用香蕉葉包好，贈送給親友和僧侶品嘗。不過，如果是品行不端或者違反戒律的人，可是不給吃糯糊的。

在這套糯糊節郵票（圖3-2）中，

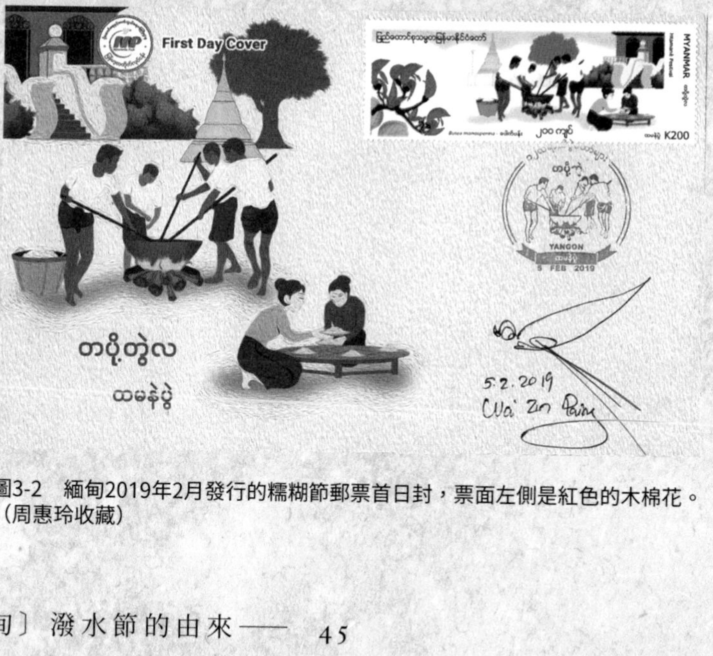

圖3-2　緬甸2019年2月發行的糯糊節郵票首日封，票面左側是紅色的木棉花。（周惠玲收藏）

可以看到許多人正合力搗糯糊，這是因為糯糊節如今已變成競賽活動，大家組隊參加，不僅要在最短時間內做好糯米糕，還要比賽誰的擺飾最好看呢！（後記、郵趣／周惠玲）

馬來西亞稻神

王麗蘭

郵票裡的卡達山－杜順人敲鑼跳舞，感謝稻神奇努依安……

位於東南亞的婆羅洲，是世界第三大島，島嶼上有地球上最古老的熱帶雨林。這裡世世代代住著卡達山－杜順人，他們住在婆羅洲北部的沙巴，有些人住在沿海城市，有些人住在內陸山區。不管住哪裡，他們到現在還保留祖先留下的傳統習俗，每年五月底依然盛大慶祝豐收節。

「喔喔喔——」嘹亮的公雞啼叫劃破了清晨的寧靜。在雲霧圍繞的山嶺間，矗立在河邊的長屋，一早就人聲喧騰。每年到了初夏時節，全村男女老幼都會總動員來迎接豐收節的來臨。

其實卡達山－杜順人的豐收節應該稱作「祭稻神節」，

因為他們認為，能夠豐收，都是「稻神」奇努依安賜予的。在卡達山－杜順人的傳統信仰中，世界萬物是奇努依安創造出來的。當他剛創造完成時，整片大地是一片荒蕪。

那時，奇努依安打算為卡達山－杜順人開墾一塊土地來耕種。然而就在他準備播種的時候，才發現自己並沒有適合土地和氣候的種子。於是，奇努依安就扛著自己珍愛的銅鑼，翻山越嶺，去

尋找可以播種的種子。

一路上，奇努依安看見了自己所創造的大山大河、樹木藤蔓，也遇到了自己一手培育出來的小鳥、兔子、老虎、紅毛猩猩等。這些動物一看到奇努依安，紛紛簇擁上來，圍著他嘰嘰喳喳說個不停。

「我來這裡，是為了尋找能夠哺育萬物的種子。」奇努依安告訴動

物：「你們看！這世界一開始只有山河，只有大樹，後來有了你們這群可愛的動物，又有了卡達山-杜順人。為了餵飽大家，我們必須想個辦法呀！」

奇努依安以身作則，以身體力行的方式告訴大家，無論是誰想要生存，就必須努力。天下沒有不勞而獲的事啊！

經歷了好幾年披星戴月的長途跋涉，奇努依安始終沒有找到他心目中理想的種子。他回到家中，每天愁眉不展，苦思對策。

幾年的光陰又過去了，沒有能孕育萬物的種子，使得卡達山-杜順人和動物都得忍受飢餓，苦不堪言。眼看著日子越來越艱難，奇努依安的白頭髮也越長越多，他眉頭深鎖，卻一籌莫展。

奇努依安有一個美麗善良的女兒，名叫瑚米諾頓。她每天看著爸爸為大家的生計煩惱，內心非常不捨。

於是，她自告奮勇的說：「爸爸，讓我為您分擔辛勞吧！讓我用我的身體來變換出您所要的農作物吧！」

奇努依安知道這已經是最後的辦法了。經過艱難的考慮，他只好忍痛選擇犧牲自己唯一的女兒瑚米諾頓，以便換取大地的豐收。

奇努依安低著頭，緊握著女兒的手。當他流下第一滴眼

淚的時候，瑚米諾頓的頭慢慢變成一棵椰子樹；她的手指變成薑，一吋一吋往土裡發芽扎根；她的牙齒蛻變成飽滿精實的玉米；她的膝蓋轉變成山藥，用很快的速度矗立在土地上，往下長出粗壯的根莖，往上長出茂密的葉子；最後是她的肉身，變成了稻穀，鮮紅的血液則幻化成了紅米。

一時之間，原本貧瘠的大地突然果實纍纍。奇努依安看著滿山滿谷的農作物，他知道瑚米諾頓並沒有消失，而是用另一種方式留在這片土地上，和他一樣，永遠守護著卡達山-杜順人的家。

此後，每年到了豐收節，奇努依安的妻子帶領著族人用鐮刀收割稻子的時候，都會聽到風中傳來瑚米諾頓的聲音：「親愛的母親和族人，小心不要弄傷手呵！我會一直在這裡陪伴你們，直到生命的盡頭。」

故事好郵趣

馬來西亞是一個多元民族、多元信仰的國家，從這套二〇一九年發行的傳統節慶郵票中，就能看見五個主要族群和他們的新年節慶（圖4-1）：由左至右、由上而下分別是二月的華人春節、五月底的卡達山-杜順人豐收節、六月初的達雅人嘉華節、十月的回教徒開齋節、十一月的印度教徒光明節。

這套郵票上還畫出了每一個節慶當中的重點活動，例如華人會在春節時舞獅、放鞭炮、提燈籠；卡達山-杜順人會在豐收節時祭祀稻神、敲銅鑼、跳蘇馬紹舞；達雅人跳伊班戰舞等等，仔細看，保證你大開眼界。

其中，卡達山－杜順人（the Kadazan-Dusun people）是本篇故事的主角。他們相信稻神奇努依安（Kinoingan）是創造萬物、尤其是創造食物的神，因此，他們後來雖然也開始接受基督教信

圖4-1　2019年馬來西亞的傳統新年郵票，一套五枚，其中右上的卡達山－杜順人正跳著蘇馬紹舞，感謝稻神奇努依安，票面左下角則是他珍愛的銅鑼。（周惠玲收藏）

仰，但是每年五月仍然會大舉慶祝豐收節，而慶典活動的高潮是選出當屆的皇后。選美皇后象徵神的女兒「瑚米諾頓」（Huminodun）的美貌與智慧。而且，為了提醒族人不要遺忘族語，從二〇一二年起，選美會的問答環節，都以族語來進行，使得選美活動更具代表性。

奇努依安是創造食物的神，而卡達山－杜順人則是善用各種

圖4-2　2017年的卡達山－杜順人和達雅人傳統美食郵票，在圖案相連的三枚連刷票中，左一和左二是卡達山－杜順人的傳統美食。（周惠玲收藏）

食材來創造美食的民族。二〇一七年馬來西亞郵局特別以婆羅洲特色美食為主題，發行了一套郵票（圖4-2）。其中左邊第一枚郵票裡有裝在陶甕裡的米酒（Tuak）、彩色千層糕（Kek Lapis）、用橡膠葉包裹的酒釀糯米飯（Tapai Pulut）、網餅（Kuih Jala），這些都是用米做的呵！（後記、郵趣／王麗蘭、周惠玲）

泰國

貝殼王子

匡春芝、周惠玲

是誰每天幫忙打掃家裡？
郵票裡的王后偷偷當起了
偵探……

很久很久以前，在泰國北部有一個小國家，國王有兩個妻子，王后和王妃，但是沒有小孩。

有一天，國王夢見自己吃下了太陽，接著又吞了月亮，醒來以後，就叫占星師來解夢。

「恭喜國王，我們國家就要有繼承人了！」占星師說，「您的夢表示，王后將會生下一個王子，接著王妃會生下一個公主。」

國王笑得合不攏嘴，全國臣民也興奮的等待王子和公主的誕生。

不久，奇怪的事情發生了，王后竟然生下一顆貝殼。國王嚇得趕緊又叫占星師來問：「這是怎麼回事？」

這時，占星師已經被王妃收買了，他對國王說：「這是凶兆，王后和她生下的貝殼將會為國家帶來厄運。」

國王聽了，既害怕又生氣，就把王后趕走。

可憐的王后帶著生下的貝殼，流浪到遠方的一座森林。為了生活，她每天都必須外出工作，晚上回到家以後，也是孤零零的一個人。她時常對著貝殼說心事，雖然貝殼一動也不動，王后仍然認為這是她的孩子，捨不得拋棄。

說也奇怪，貝殼一天一天變大，大到王后得用雙手才能抱起來。不過，除此以外，它的外表還是一顆貝殼。

有一天，王后工作回來，發現家裡打掃得很乾淨，連晚餐也煮好了。她心想，是誰好心來幫忙呢？她東找西找，屋裡並沒有別人。

連續幾天都是這樣，於是王后隔天假裝外出，其實是躲在門外偷看。不久，她看到一個可愛的小男孩從貝殼裡爬出來，不但勤奮的做家事，還把

來偷吃糧食的雞趕走。

原來是她的貝殼孩子啊！

王后激動得衝去抱住貝殼王子，並且把貝殼敲壞，阻止他再躲回貝殼裡。從這一天起，她和王子幸福的生活在一起。

沒想到，消息傳到了壞心王妃的耳裡，她偷偷派人來殺貝殼王子。但是王子是有上天眷顧的，王妃派來的殺手連續兩次都沒有成功；王妃不死心，第三次就叫殺手把王子綁在一塊大石頭上，丟入海裡。

海裡的海龍王說：「貝殼王子是有上天眷顧的，不能死。」他派海浪護送貝殼王子。海浪抱著貝殼王子，推呀搖啊，送到了女巨人的城堡。女巨人抱起小王子，還讓他在城堡裡住下來。

時光飛逝，轉眼間，貝殼王子十五歲了，他很想回到母親身邊，可是女巨人很喜歡貝殼王子，說什麼也不放他走。

每一年，女巨人都要出遠門一次。出門前，總會交代王子，絕對不可以進入廚房旁的房間。可是逐漸長大的王子越來越好奇，那房間裡究竟有什麼祕密呢？他偷偷藏起了鑰匙，等到下一次女巨人又外出時，就趁機打開神祕的房間。

裡面竟然是一堆骷髏頭！

貝殼王子雖然很吃驚，仍然鎮定的繼續查探房間。他發現房間裡有一套土著服裝、鞋子、一根枴杖，以及一座金井，井裡不停冒出金色液體。他好奇的用食指沾一下，手指竟然裹上一層金子，怎樣都擦不掉。接著，他又試穿土著服和鞋子，並拿起枴杖。

神奇的事發生了，他竟然飛了起來。貝殼王子心想，此

地不能久留，否則總有一天他也會變成骷髏頭。但是該怎麼辦呢？他想了想，就跳進金井，把自己的全身染成金色，再穿上土著服、鞋子，拿起枴杖，快速飛出巨人城堡。

飛呀飛，貝殼王子最後飛到了沙溫王國。沙溫國王已經年老了，卻沒有兒子繼承王位，只有七個公主，而鄰近的大國一直虎視眈眈想吞併沙溫王國。

沙溫國王想出了一個辦法，他幫七位公主拋花環招親，想找到厲害的勇士來保護國家。六位公主都找到了心儀的對象，只剩下最小的七公主始終不肯拋出花環。國王命人把城裡的單身漢全找來，包括貝殼王子。

最後七公主把花環送給了貝殼王子，雖然他身穿土著服裝，可是七公主慧眼看出，眼前的人是一位真正的王子。可惜國王有眼無珠，他生氣的把他們趕出王宮。

過不久，鄰國發出挑戰書，要求沙溫國王或他的王儲比賽打馬球，輸的人必須把國家讓給贏的一方。沙溫國王接

連派出六位女婿出賽，全都輸了。這時，貝殼王子脫下土著服，換上戰服。他贏了！國王看著俊美英勇的男子，既慚愧又開心，就把王位讓給貝殼王子。

鄰國的國王也現出真面目，原來他是太陽神變身的。他說，貝殼王子是有上天眷顧的，所有的苦難，都是為了訓練他成為王者，來保護泰國的子民。

貝殼王子成了貝殼國王。在慶祝宴會上，廚房獻上了各式各樣的美食，其中有一道料理，金黃色燉肉的湯汁上排

列了七片白色冬瓜，瓜肉上還雕刻了貝殼王子和他母后的故事。

貝殼國王很激動，冬瓜是他從小喜歡吃的食物，但怎會有人知道他和母后的故事？他馬上去找這道料理的廚師。

原來廚師就是他的母后！自從他落海以後，王后本來以為他已經死掉了，不料太陽神指示她到沙溫國來找兒子。於是她就喬扮成廚娘，特別煮了貝殼王子喜歡吃的冬瓜料理，並在瓜肉上雕刻了他們的故事。

經過千辛萬苦，母子兩人終於團圓，他們開心的笑了。

故事好郵趣

泰國早期是農業社會，人們信仰「萬物有靈」。後來有了航海貿易，開始受到外來文化影響，尤其是印度和中國，同時，其他宗教信仰也傳入泰國，包括佛教、婆羅門教和印度教。這三大宗教都來自印度，影響泰國文化很深；其中佛教更成為泰國人的主要信仰。透過不同信仰，泰國人把外來文化和在地文化融合，形成現今多元文化的社會。

從〈貝殼王子〉（Sang Thong，音譯「桑通」）故事，就能看出泰國人信仰的多樣性。這故事源自佛陀的《本生經》（講述佛陀前世的故事），除了佛教思想之外，故事裡還出現了印度教的神（太陽神、海龍王、巨人等）。太陽神和海龍王都是保護大自然的神，所以受務農的泰國人敬拜。

泰國人非常喜愛〈貝殼王子〉這個故事，多次發行郵票。一九九九年為了慶祝隔年將在曼谷舉辦的世界郵展，以民間文學為主題，發行了一套四枚的小全張郵票，其中左下這枚正是〈貝殼王子〉（圖5-1）。另外，二〇一〇年還有

圖5-1　爲了2000年曼谷世界郵展而發行的郵票小全張。左下面額15泰銖的這枚，表現出〈貝殼王子〉中王后偷看王子爬出貝殼的情節。（周惠玲／收藏）

一套四枚的〈貝殼王子〉專題郵票（圖5-2）。

民間故事往往反映出民生樣貌與風俗節慶。在〈貝殼王子〉裡有一個果雕認親的橋段，這是泰國美食的一個重要特色，在很多節慶活動裡常會看到各式各樣的果雕作品，當然，郵票裡也少不了它。二〇〇二年這套以美食為主題的郵票，展示了泰國各地傳統美食，其中兩枚都有美麗的

圖5-2　泰國2010年的〈貝殼王子〉郵票首日封，四枚郵票表現連環劇情，包括王子教訓偷吃米糧的雞、王子遇難時冥思計策、公主一眼看上化身土著的王子、王子打馬球。（周惠玲／收藏）

果雕作品（圖5-3）。

泰國果雕由來已久，據說從前宮廷有位僕人為了參加水燈節競賽，用水果當材料，雕刻出華麗細緻的作品，驚豔全場。從此，果雕藝術就在宮廷流傳。由於這是一門高級技藝的藝術創作，製作成本很高，往往要在特殊節日、美食展或高級餐廳才能欣賞到果雕之美。（後記／匡春芝、郵趣／周惠玲）

圖5-3　泰國2002年發行的美食郵票，一套四枚，下方兩枚都有精緻的果雕。（周惠玲／收藏）

越南西瓜傳說

阮氏梅英

郵票裡的梅安漸說，越南西瓜不但香甜，還幫助他反敗為勝……

從前，有一個人名叫梅安漸，他是越南第十七世雄王的養子。梅安漸為人正直又聰明，國王很欣賞他，經常贈送他各種珍貴的禮物。

官員或一般百姓在獲得國王的贈禮時，即使只是一點小小的物品，也會不斷感謝、讚揚國王的恩德，可是梅安漸卻常說：「不要跟別人免費拿任何東西，因為以後我們還必須以另一種方式還給他們，甚至要付出更多。」這些話傳到了

國王的耳裡，加上有心人挑撥，讓國王很生氣，於是就把他們一家五口流放到荒島。

國王只准梅安漸攜帶很少的食物和物品，包括：一把鈍劍、五天份的食物和一個鍋子。他原本只是想教訓一下梅安漸，心想梅安漸應該很快就會來跟他求饒。沒想到，梅安漸竟然用那把鈍劍去砍竹子和木柴、蓋草房、摘野菜、捕魚等等。生活雖然十分辛苦，但一家人撐了下來。

有一天，當梅安漸四處去尋覓可以吃的野菜時，突然看到一隻鳥正在吃一種奇怪的紅色果實。當他靠近時，那隻鳥驚慌失措的飛走了。梅安漸心想，既然鳥兒能吃，人應該也能吃吧！於是他就把紅色果實裡的黑色種子挖出來，種到了土裡。

過了一陣子，種子發芽了，接著冒出枝葉，還在大地上蔓延開來。在梅安漸妻子早晚細心照顧下，枝葉開了花，又結了果。起初果子像小手指一樣，過沒多久長到了老鼠的大小，然後繼續長成一隻小豬那麼大。不過，梅安漸也不知道什麼時候才能把果子摘下來吃。

有一天清晨，梅安漸妻子聽到海灘上

傳來烏鴉的叫聲。

她對丈夫說：「這裡很荒涼，從沒看見有烏鴉聚集，現在牠們突然來了，一定是發生了什麼事，你快去看看。」

當梅安漸到達海灘的時候，烏鴉一哄而散飛走了。仔細一看，原來烏鴉剛剛正在啄食那些跟小豬一般大的果子。瓜果的表皮上還殘留著牠們啄過的痕跡。

梅安漸知道瓜果可以吃了，就抱了一顆回家。當他把瓜果切開時，全家人都驚呆了：在綠色外皮的內側有一圈白色的果肉，更內層則是大片鮮紅色的果肉，而且在紅色果肉裡，還遍布著一點一點的黑籽。綠、紅、白、黑，看起來真是美麗可口。梅安漸小心翼翼的切了幾小塊，分給家人吃。大家都說，水水的，真甜，真好吃，還有一股清香味呢！

梅安漸觀察，那些被烏鴉啄過的，都是顏色比較深的，於是他就把深綠色的瓜果帶回家，其餘顏色還淺綠的，就留在田裡，繼續照顧。

從那時候開始，梅安漸一家不但吃那些瓜果，還把果肉裡的黑色種子撒在田裡。由於他們的農具只有一把鈍劍和幾塊磨刀石，所以照顧起來十分辛苦，但是梅安漸和家人一心一意照顧這些綠色的瓜，使得瓜果的品質越來越好，綠色皮層越來越薄，內層果肉越來越厚，味道越來越甜。

每次收割以後，梅安漸都會拿幾顆大西瓜，在果皮上刻上自己的名字和瓜果的吃法，然後放進海裡，希望能被航行經過荒島的魚船撈起來，也許就能為家人換取糧食和大米。

海浪將一些珍貴的甜瓜衝到了越南陸地的海灘上，有人把瓜果獻給國王。經過了這段時間，國王氣消了，他想到梅安漸和他的妻兒住在一個荒島上，竟然還能種出了珍貴的瓜果，於是派船到荒島上把梅安漸全家接回到陸地。

回來時，梅安漸和妻子帶了很多瓜果的種子分送給親戚，也教他們如何種植。從此，在越南各地，西瓜成了人們熟悉的水果，梅安漸也被認為是種植越南西瓜的始祖。

相傳，他被流放的那座荒島，因為泥沙淤積，逐漸和陸地連接，於是越來越多人來這裡居住，形成了一個小村莊，就是現在越南東北海岸的峨山縣。如果你去峨山縣，還會發現有一座小山被命名為梅安漸山，據說那裡就是梅

安漸和家人曾經居住過的地方。山腳下有一座梅安漸廟，當地人每年農曆三月十二日至十五日都會舉行祭祀活動，感謝梅安漸的貢獻。

故事好郵趣

梅安漸（Mai An Tiêm）是越南家喻戶曉的歷史人物，越南郵局在二〇二一年發行郵票紀念他。這套郵票以小全張的形式，一套四枚搭配票邊圖案，以連續性的畫面，完整講述梅安漸的西瓜傳奇故事（圖6-1）。所謂的小全張，是指把全套郵票同時印在一張小型的紙面上，旁邊常常附加相關圖案。這套郵票是由蘇明莊（Tô Minh Trang）所設計。

如今，西瓜已經成為越南人過年祭拜的供品之一。因為西瓜蘊含了梅安漸自力更生、堅韌不拔的意志，而且紅色果肉象徵財路和好運，綠色果皮象徵希望，也有祈求家人財運和興旺的意思。手藝好的人，還會在西瓜皮刻上吉利的字詞，例如「福」、「壽」、「吉祥」等等，當作過年禮物送給親友。

過年用來祭拜的西瓜還可以預測新年度的運勢。如果瓜肉鮮紅、多汁、香甜，寓意今年大吉；相反的，如果顏色不紅或者不太甜，意味著主人新

圖6-1　2021年越南發行的梅安漸西瓜傳奇郵票首日封，除了西瓜圖案的郵戳之外，信封上的這枚小全張也很特別，是沒有齒孔的。（周惠玲收藏）

年度的運氣不好。因此過年時，選擇好的西瓜是每個家庭的重要事項之一。

另外，西瓜不只是水果，也是做菜的食材。越南人常用西瓜的白色果肉做成美味佳餚，例如西瓜沙拉和白肉西瓜炒肉絲等。

除了西瓜，越南還有許多重要的農作物，例如稻米和咖啡。越南曾經接受法國

圖6-2　2022年以咖啡爲主題的首日封，郵戳是一杯冒煙的咖啡，而且第四枚郵票上有咖啡香。（周惠玲收藏）

的統治，受到法國文化影響，很喜歡喝咖啡，而且是全球第二大的咖啡豆出口國。二〇二二年，越南郵局以咖啡為主題，發行了一套四枚郵票（圖6-2），從樹苗、開花、結果，到烘焙、煮成咖啡，其中第四枚郵票採特殊工法印製，票面上可以聞到咖啡香。這套郵票也是由蘇明莊所設計。（後記／阮氏梅香、郵趣／周惠玲）

印尼
大嘴石

丁安妮、王麗蘭

魚卵好香，郵票裡的孩子流著口水，他們能忍到媽媽回來一起吃嗎？

從前，在西加里曼丹一個靠海的農村裡，住著一位名叫麗莎的寡婦。她和大女兒伊君及小兒子畢索住在破爛不堪的茅草屋裡，三個人相依為命，過著貧苦的日子。雖然經常三餐不繼，但是麗莎總是告誡兩個小孩，要知恩圖報。

有一天，麗莎突然心血來潮想吃魚卵，她在天還沒亮就帶著竹籃，跑到海邊潮間帶去撈魚卵。魚卵通常藏在石縫之間，要特別小心才不會錯過魚卵藏身

之處。就這樣，麗莎頂著炙熱的太陽，辛勤的在石頭之間穿梭，好不容易才撈到了他們一家三口的分量。

「啊！今天真是特別累呀！但收穫也特別多。我得趕快回家去，不然兩個孩子可餓壞了！」麗莎擦了擦額頭的汗水，背起竹籃趕緊回家去。

「哇！太棒了！媽媽終於回來了。」伊君和畢索姐弟倆在門口熱情的迎接媽媽。已經過了午飯時間，看來他們真的是餓了。

「來！伊君幫忙把魚卵拿去洗乾淨。畢索，你負責生火，我要燒一壺熱水。」麗莎吩咐，姐弟倆趕緊幫忙。三人同心協力，魚卵洗好，熱水也煮沸了，接著麗莎把魚卵放進一個甕裡，再把熱水倒進去，「唰」的一聲，魚卵瞬間就被燙熟了。

「哎呀，糟糕！怎麼香料都沒了！」麗莎赫然發現需要搭配魚卵的香料都剛好用完了，於是打算趕到市集去買一些香料回來應急。她需要一些丁香、肉豆蔻、胡椒和香茅，才能去腥提味。

臨走前，麗莎叮嚀他們：「一定要等我回來呵！讓媽媽煮一道香料佐魚卵給你們吃，保證你們回味無窮。」說完話，麗莎就穿戴整齊去市集了。

「姐姐，你有沒有聞到，這魚卵好香啊！」媽媽才出門沒多久，畢索就已經垂涎三尺了。

「畢索，要忍耐呵！你看魚卵才剛燙熟，沒有任何味道，我們就耐心等媽媽回來吧！」姐姐伊君雖然肚子也咕嚕咕嚕的叫，但是她謹記著媽媽的叮嚀，忍耐著。

時間一分一秒的過去，眼看著魚卵已經涼了，弟弟忍不

住挖了一勺來吃。姐姐馬上阻止他，說：「畢索，不可以！要忍耐，要等媽媽回來。」但是，說著說著，她也越來越抵擋不住魚卵的誘惑了。

這時，畢索說：「姐姐，你也來一口吧！就一湯匙，我們就只吃一湯匙，剩下的一定留給媽媽。」

伊君其實早已經飢腸轆轆了，這時候肚子傳來「咕嚕」一聲，她再也擋不住魚卵香氣四溢的誘惑了。就這樣，姐弟倆一勺接著一勺，不知不覺就把整甕魚卵吃完了。

就在這個時候，媽媽麗莎提著各種香料回來了。她大汗淋漓，臉頰紅撲撲的，可見是三步併作兩步，一路跑著回來的。殊不知，在家裡迎接她的，居然是已經空空見底的陶甕。麗莎雙腿一軟，手中的香料也掉了下來，灑了滿地。

「怎麼不等我回來呢？怎麼自己吃光了呢？」麗莎很難過，失望的說：「媽媽平時是怎麼教你們的？」麗莎忍不住紅了眼眶。

伊君和畢索低著頭，覺得愧對媽媽，依君拉了拉媽媽的衣角說：「媽媽，請您原諒我們，是我們不對。不應該因為肚子太餓，就把魚卵吃光。」

畢索也趕緊跟著說：「媽媽，我們知道錯了。」

然而，從早上就開始忙碌張羅午餐的麗莎越想越委屈，她憤怒的拋下滿地的香料，往屋子後方的森林深處跑去。

「媽媽，等等我們哪！別跑哇！」伊君和畢索也追了出來。

麗莎漫無目的的跑著，突然，在她眼前出現了一塊長得很奇怪的大石頭。

這塊大石頭從中間裂開，裂縫深不見底，遠看彷彿是人的嘴巴一樣。這塊怪石就矗立在森林的一片空地

中，周圍還圍繞了一圈樹木，彷彿在守護著這塊石頭。

麗莎目不轉睛的盯著石頭，她雙眼無神、喃喃自語的對大石頭說：「大嘴石啊，把我的腳吃下去吧！」

「噗哧！」一聲，麗莎的雙腳果然被大石頭給吞噬了。可是奇妙的是，麗莎並不害怕，也不覺得痛，她接著說：「大嘴石啊，把我的腰吃下去吧！」又是「噗哧」的一聲，麗莎的腰也被大石頭包圍住了。

「媽媽！媽媽！妳在哪裡呀？」遠遠的傳來依君和畢索的聲音。

麗莎眺望著聲音的來源，轉過頭來對著石頭又說道：

「大嘴石啊，把我的頭也吞下去吧！」

最後，大石頭完全包圍住麗莎，彷彿是麗莎最堅強的堡壘一般。

伊君和畢索直到天黑都沒找到媽媽，只好回家去。在回程的路上，他們發現有一塊奇特的石頭就矗立在他們回家必經的路上。

「叱喳！」突然一道閃電劃破天際，在那一剎那間，依君和畢索彷彿看見石頭上映照出媽媽的臉。於是他們知道，這一生再也看不到他們的媽媽了。

故事好郵趣

印尼是香料群島，在大航海時代，西方列強爭相到香料群島上，為的就是取得昂貴的香料。這些香料植物從根莖、樹幹、樹皮、葉子、花朵到果實，都有不同的功能和效用。

當地人長年種植香料植物，早具備豐富的香料知識。有些是取花和葉子來染色，例如蝶豆花的紫色、香蘭葉的綠色，都能將食物染成漂亮的顏色；有些則是把果實晒乾，例如丁香和胡椒等。果實晒乾之後更加展現出辛嗆味道，能增添肉類和料理的風味。

對於印尼人來說，香料是生活中不可或缺的，在民間故事中也扮演重要角色，例如這篇〈大嘴石〉，就因為家裡的香料沒了，才有後面的情節發展。〈大嘴石〉是加里曼丹島西部的一個著名傳說，印尼郵局在二〇〇〇年發行四套民間故事郵票時，其中之一就是〈大嘴石〉（Batu Ballah，圖7-1）。

當然，以美食為主題的郵票，也處處可見香料的蹤影，例如在二〇〇七年發行的這套美食郵票中，從扁餅配羊肉咖哩、雞絲米粉湯、

圖7-1　印尼郵局2000年發行的〈大嘴石〉郵票，一套五枚，以連環畫表現這個故事，最後一枚是變成石頭的母親。（周惠玲收藏）

燴牛雜到鹹水魚，烹調過程都添加了香料，擺盤時也以香茅、檸檬葉，辣椒、胡椒粒、八角等作為點綴，甚至首日封上的銷戳就是八角的圖案（圖7-2）。

若有機會到印尼的傳統村落旅行，不妨注意觀察，是不是家家戶戶的院子裡都種了各種香料植物？最常見的就是香茅、咖哩葉、檸檬葉等，平時當作觀賞用，烹飪時搖身一變成為菜餚中的必備香料！（後記、郵趣／王麗蘭、周惠玲）

圖7-2　2007年發行的美食郵票首日封，票面和信封上處處可見香料，連銷戳也是八角的圖案。（周惠玲收藏）

馬來西亞鼠鹿和鱷魚

王麗蘭

郵票裡的鼠鹿想過河，河裡有一大群鱷魚張大嘴巴等著牠……

在馬來西亞的叢林裡，住著各式各樣的動物，牠們吃的食物，主要就是熱帶雨林裡豐富的果實，像是山竹、紅毛丹、波羅蜜等。雖然這裡四季如夏，但就像是約好了一般，不同時節有不同水果熟成，讓動物們每個季節可以大飽口福，吃到各種不同的食物。

這天早上，有「叢林小精靈」之稱的鼠鹿又出來覓食了。「鼠鹿」的頭長得像鹿，身體像鼠，大小跟兔子差不多。雖然身體小巧，可是「鼠鹿」聰

明得不得了。

這一天晴空萬里，陽光猛烈，但森林裡樹木茂密，倒也十分陰涼。鼠鹿走著走著，來到一條小河邊。牠看到對岸的果樹上結了好多飽滿的紅毛丹，紅通通的，好大一串。

「哇！今天真幸運！果然媽媽說得對，早起的鼠鹿有果子吃。」鼠鹿心想。

問題來了，鼠鹿不會游泳，牠要怎麼樣做，才能過河到達對岸呢？

鼠鹿眨了眨精明的雙眼，環顧四周，沒發現可以協助牠安全過河的方法。牠回想起小時候，媽媽帶著牠覓食，總是能找到剛好倒下的樹幹，橫跨在河道中，變成橋梁。

「唉！果然長大了就得獨自面對生活中的各種挑戰了！」鼠鹿微微嘆了一口氣。

就在鼠鹿百般思索的時候，平靜的河水突然翻滾了起來，機靈的鼠鹿馬上往岸邊一跳。原來是一群惡名昭彰的鱷魚在玩耍。

「對了！媽媽提醒過我，河裡有很多兇惡的鱷魚，牠們最愛吃我們鼠鹿的肉了！」鼠鹿不禁打了一個寒顫：「我應該放棄紅毛丹，還是繼續勇敢向前呢？」

鼠鹿知道單憑蠻力是不能解決眼前的危機，牠既不能貿然衝過河，也不能激怒鱷魚。終於牠靈機一動，想到了一個好方法！

牠熱情的跟河中的鱷魚們打招呼：「嗨！鱷魚大哥大姐們，早哇！哇！原來你們一家人就住在這裡呀！」

正在玩耍的鱷魚聽到鼠鹿的聲音，紛紛靠了過來，盯著鼠鹿看。有一隻鱷魚還湊巧張大了嘴巴，露出尖銳的牙齒。

鼠鹿壯著膽，繼續說：「你們到底有多少兄弟姊妹呀？是這樣的，偉大的蘇丹要我為你們準備食物，可是你們平時都在河裡，我怎麼也數不清啊！嗯……這樣吧，你們排成一行，讓我數一數吧！」

鱷魚聽到有食物吃，興奮極了，馬上乖乖的排成一列。

「一、二、三……」鼠鹿一邊數，一邊快步踩著鱷魚的背，就這樣蹦蹦跳跳的到了河的對岸。

「等一下！鼠鹿，你數也數完了，那蘇丹的食物呢？」鱷魚趕緊喊住鼠鹿。

這時候，鼠鹿回過頭來微笑著對鱷魚說：「哈哈，其實

根本就沒什麼食物，我只是想要過河，就借用你們當我的橋嘍！」

鼠鹿說完就走了。鱷魚一聽，才知道被鼠鹿給騙了，於是牠們就安靜的守在岸邊，等待機會要把鼠鹿給吃了。

而鼠鹿呢？牠開開心心的爬上紅毛丹果樹，飽餐一頓後，撫摸著肚皮說：「紅毛丹好甜哪！一定是最近沒下雨，才會這麼甜！我得先喝口水緩一緩。」

牠回到河邊喝水，沒注意到鱷魚靜靜的游到身邊，張開嘴，一口咬住牠的腳不放。鼠鹿內心大驚，暗暗責怪自己太大意了。但牠處變不驚，連臉上的毛鬚都沒顫抖一下。

「咦！」鼠鹿假裝驚訝，冷靜的說，「鱷魚大哥，怎麼了？是太餓了嗎？怎麼咬著樹枝不放呢？」鱷魚一聽，信以為真，馬上鬆開口。

就在這個時候，鼠鹿趁機往旁邊一跳，一溜煙又逃走了！

故事好郵趣

鼠鹿（Kancil，圖8-1），生長在東南亞，其中又以馬來西亞和印尼最多。馬來西亞人和印尼人認為鼠鹿雖小，卻很靈巧、聰明，所以有許多民間故事都在講述鼠鹿如何運用機智度過危機，例如本篇故事。

這麼受歡迎的動物明星，當然成為郵票主題。二〇〇七年馬來西亞郵局發行了一套兒

圖8-1　2016年馬來西亞發行「動植物界的七大奇觀」郵票，其中之一就是鼠鹿。本圖爲無齒孔小全張，另有齒孔版。（周惠玲收藏）

童故事郵票，其中就有兩枚是以鼠鹿為主角（圖8-2），除了本篇故事之外，另一枚是鼠鹿幫助水牛脫困。其實，不只馬來西亞，印尼郵局也發行過相同故事的郵票（參見本書129頁圖左一）。

鼠鹿吃草和果子，在這篇故事裡，舉了許多鼠鹿愛吃的水果——山竹、紅毛丹、波羅蜜等，都是馬來西亞常見的水果。馬來西亞有一套常用郵票就是以熱帶水果為主題，除了上面提到的水果之外，還有號稱「水果之王」的榴槤、

圖8-2　馬來西亞2007年的兒童故事郵票。其中這兩枚雙連票，是關於鼠鹿渡河的故事，以及鼠鹿幫助水牛的機智故事。（周惠玲收藏）

香蕉、鳳梨、山竹、楊桃等（圖8-3）。所謂的「常用郵票」，是指長時間大量發行的郵票，這套郵票從一九八六年一直發行到二〇〇〇年。

這些水果不只鼠鹿愛吃，馬來西亞人也愛，而且吃法可多啦！你也許吃過「摩摩喳喳」（Burburchacha），就是用椰奶加西米露作成甜湯，再加入紅毛丹等各式水果。另外，也經常製作成水果冰，就像二〇一九

圖8-3　馬來西亞1986年的常用水果郵票，左上起依次為紅毛丹、鳳梨、榴槤、山竹、楊桃、香蕉。唐輝傑設計。（周惠玲收藏）

年發行的這套傳統小吃郵票（圖8-4）。

另外，馬來西亞人也會把水果裹粉去炸，口感酥脆、酸甜的果肉，非常適合在炎熱的午後來吃，甚至還會把水果做成菜餚。總之，馬來西亞人真的很懂得吃水果呢！（後記、郵趣／王麗蘭、周惠玲）

圖8-4　馬來西亞2019年發行的特色冰品小全張，採不規則的軋型，稱爲「異形小全張」。（周惠玲收藏）

印尼
金色大黃瓜

丁安妮、王麗蘭

快跑！綠巨人快追上了。
於是郵票裡的女孩掏出一袋蝦醬……

從前，在爪哇島上有一個名叫斯莉妮的可憐寡婦，她獨自住在森林邊的一棟小木屋裡，日子雖然安逸，但總覺得孤獨寂寞。

「如果我有個孩子就好了。」她每天晚上向神祈求，賜她一個孩子，好讓她的生活有些樂趣。

有一天晚上，她夢見森林裡的一棵大樹下有個小包裹，裡面似乎躺著一位可愛的小嬰兒。正當她想靠近去看個清楚的時候，夢就醒了。斯莉妮認為這不是一個普通的夢，於是她起床後，就走進森林裡，去尋找夢境中的那棵大樹。

她按照夢中的記憶，很快就找到了那棵參天大樹。果然，在樹下有一個包裹。她滿心期待，稟住呼吸打開一看，結果裡面不是嬰兒，只有一顆種子。

「喔呵呵呵！」突然，空中傳來一道響亮的笑聲，然後地面開始震動。「砰！砰！」

斯莉妮害怕的閉上雙眼，直到規律的震動聲停下來之後，斯莉妮才鼓起勇氣睜開眼睛。站在她面前的，是傳說中住在森林裡的綠巨人。

「妳就是一直想要個孩子的斯莉妮？」綠巨人一開口就

臭氣熏天。

斯莉妮儘管害怕，還是鼓起勇氣回答：「是的，我一直想要擁有一個孩子。」

「妳聽好了，把這個大黃瓜的種子帶回去，好好照顧，有一天你會有自己的孩子。」巨人說。

斯莉妮聽了喜出望外：「真的嗎？那真是太感謝您了！」

「妳可別高興得太早。這孩子是我借給妳的。等孩子長大之後，妳必須送回森林還給我。」綠巨人嚴正警告斯莉妮。

「沒問題！我一定照著您的話做。」斯莉妮實在太想要孩子了，就一口答應了下來。

斯莉妮回到家中，小心翼翼的把種子種到後院，每天細心的澆水、施肥、除草。日子一天天過去，種子發芽，長出茂盛的葉子，藤蔓爬得好長，可是一直沒結果。直到有一天，神奇的事發生了，在藤蔓中突然長出一顆金色的大黃瓜，在陽光下閃閃發亮。

斯莉妮小心翼翼的摘下大黃

瓜，當她用刀輕輕劃開表皮的時候，裡面出現了一位漂亮的女嬰。如願以償的斯莉妮太開心了，將她取名為「蒂牧瑪斯」，意思是「金色的大黃瓜」。

時光飛逝，蒂牧瑪斯在斯莉妮的細心照料下長大，成為一個善良又勤奮的女孩。雖然家境不富裕，但是斯莉妮總是盡力提供最好的給蒂牧瑪斯。

不知不覺，蒂牧瑪斯馬上要過十七歲生日了。有一天晚上，一隻蝙蝠飛到他們家裡，對斯莉妮說：「綠巨人說，一週後在蒂牧瑪斯生日的時候，他會過來接她回森林。妳可別忘了妳的承諾。」說完，蝙蝠就飛走了。

斯莉妮這才告訴蒂牧瑪斯她的身世。母女兩人抱頭痛哭，一時不知該如何是好。斯莉妮思索了一整夜，隔天天一亮，她就出發到山上去。她聽說，山上住著一位長老，說不定能幫她解決問題。

聽了她的故事之後，長老很同情她，給了她四個小袋子：「裡面有四樣東西，大黃瓜種子、針、鹽巴和蝦醬泰辣西。當綠巨人來抓人的時候，你們

把這四樣東西丟出去，就能獲救。」

終於，蒂牧瑪斯十七歲的生日到了。綠巨人果真到來，斯莉妮趕緊帶著蒂牧瑪斯逃跑，綠巨人怒不可遏，大腳從半空中踩下來，就把她們的房子摧毀了。

「蒂牧瑪斯！快！打開第一個袋子把大黃瓜種子丟出去。」

蒂牧瑪斯聽了媽媽的話，趕緊把大黃瓜種子往身後撒。頃刻間，種子立刻長成大黃瓜藤蔓，將巨人的身體困住，一時之間動彈不得。

不料，過不久，巨人又追了上來。

「快！第二個袋子！」蒂牧瑪斯把第二個袋子裡的針丟出去，針一落地，馬上長成尖銳的竹林，巨人被竹子刺傷，頓時又卡住了。

不久，巨人又掙脫鋒利的竹林，衝了過來，蒂牧瑪斯這次毫不猶豫，打開了第三個袋子，把鹽巴撒了出去。沒想到，鹽巴突然幻化成一片汪洋大海，巨人立刻跳下海奮力游了過來。

眼看巨人就要抓到蒂牧瑪斯了，她趕緊打開最後一個袋子，把蝦醬撒了出去。沒想到，蝦醬竟然變成了沸騰的火山岩漿！巨人躲避不及，就這樣活生生的被吞沒了。

劫後餘生的母女兩人抱頭痛哭，她們互相扶持走回家裡，重新打造自己的家園，從此再也沒有巨人打擾她們的生活了。

故事好郵趣

讀世界各地的民間故事，常會看到主角是從某個物品當中出生的，例如桃太郎從桃子、貝殼王子從貝殼裡出生等等。而這篇爪哇島民間故事的女主角，是從大黃瓜裡出生的。

故事最讓人印象深刻的是，女主角竟然用大黃瓜種子、針、鹽巴和蝦醬來對抗綠巨人，而且蝦醬變成了沸騰的火山岩漿，吞沒了巨人。這是多麼奇妙的想像啊，難怪這個故事會被印尼郵局選為郵票主題（圖9-1）。

會想像大黃瓜裡生出一個可愛的小女孩，大概是因為印尼人真的

很喜歡大黃瓜吧！大黃瓜是印尼料理當中很重要的蔬菜配料，吃沙嗲烤肉串、椰漿飯的時候，旁邊一定有生黃瓜。

印尼人吃黃瓜的方式，和臺灣人做的涼拌小黃瓜不太一樣，他們是把大黃瓜切片來配著料理吃。仔細看，在二○○八年的這套美食郵票中，左上這枚郵票中堆成塔狀的椰漿飯（圖9-2），旁邊是不是有切片的大黃瓜、雞蛋，以及參峇辣椒醬（Sambal）呢？這些都是吃椰漿飯的必備配料。

圖9-1　印尼2006年發行的童話與神話郵票，無齒孔版。左二這枚是金色大黃瓜的故事，她背著長老給的小袋子逃離大巨人，左一是鼠鹿與鱷魚。（周惠玲收藏）

很多印尼人製作參峇醬時，會加入蝦醬，在料理生菜沙拉、沙嗲、烤雞時，也會加入蝦醬。

圖9-2的左下這枚郵票中，是著名的加里曼丹烤雞，它的烹調過程也會加入蝦醬，而且，吃的時候還會再蘸參峇醬。這套郵票的首日封，特別擷取郵票中放有參峇醬的石臼作為信封圖案，而且石臼裡面還有雕花的黃瓜呢！

（後記、郵趣／王麗蘭、周惠玲）

圖9-2　印尼2008年發行的美食郵票首日封，左上起分別是椰漿飯、爪哇的沙嗲魚、加里曼丹烤雞和蘇拉威西牛蹄湯，主菜旁邊的配菜有切片或雕花的生黃瓜，以及參峇醬。（周惠玲收藏）

越南牛奶果傳說

阮氏梅英

郵票裡的水果號稱牛奶果，
裡面真的有牛奶嗎？

從前，在越南南部的一個小鎮上，住著一對母子。母親每天都努力工作，才能負擔母子兩人的日常花費。母親非常疼愛幼年失去父親的兒子，她付出所有的愛，願意為他做任何犧牲。

男孩因為被媽媽寵愛，變得越來越調皮。他總是做一些很危險的行為：拿刀砍樹幹、拿石頭丟雞、追狗趕貓，甚至有時候把熱湯灑在媽媽的腳上，也不管媽媽是否會疼痛。他還經常和淘氣的孩子廝混在一起，這些孩子愛惡作劇，讓大家生氣。有一次男孩搗蛋，媽媽怕他遇到危險，忍不住罵了他幾句，他生媽媽的氣，就離家出走。

母親一直在家等，但男孩都沒回來，她日復一日到處去尋找孩子，始終沒有消息。而男孩四處遊蕩，跟朋友一起玩鬧。他心裡想：「沒有母親多好，沒有人罵我，隨便我愛玩多久都可以！」

也不知道男孩離家過了多久。有一天，他看到一群鴨子在帳篷裡產卵，就撿起石頭，打碎了許多鴨蛋。正在睡覺的養鴨人聽到鴨子的叫聲醒來，一邊罵男孩一邊追趕他。男孩

嚇壞了，趕緊逃跑。男孩跑哇、跑哇，跑得又餓又累，他倒在路邊，不知什麼時候睡著了。當他醒來時，看到周圍沒有人，也沒有人給他吃的。這時候，他才想起了他的母親。

「回家吧！只有媽媽才是最疼愛我、最牽掛我、最保護我的人。」男孩開始懷念起媽媽的好。

經過多日後，男孩終於回到了自己的家。景物依舊，但媽媽不見了，

而且屋子的前面還多出一棵奇怪的樹。

男孩喊道：「媽媽，你在哪裡？我回來了！」他不停的叫著，但沒有人回應。

他失望的坐在樹旁，淚流滿面。突然，綠樹上枝葉搖曳，從枝葉上冒出像雲一樣白的細小花朵。接著花瓣掉落，長出小小的紫色果實，然後果實迅速長大，果皮光滑。男孩驚呆了，這一切簡直像是魔法。不只這樣，綠樹垂下樹枝，一顆果實落到了男孩的手中。

好像被魔法催眠似的男孩，不知不覺的就把奇怪的水果送到嘴邊，還咬了一大口。「好澀！」他皺著眉頭大叫。

第二顆果實又掉到了他的手中。這一次，他剝掉皮，快速咬了一口。「好硬！」原來是因為他咬到了籽。

第三顆果實繼續掉到他手中。他輕輕捏了捏水果，這一顆的果皮比較軟，一掐就裂開一個小縫，一股白色的乳汁流了出來。他張開嘴，喝下乳汁，香甜如母乳，喝完之後，男孩有一種很熟悉的感覺。

男孩並不知道，因為想念他，他的母親曾坐在門前哭了好幾天。當她筋疲力盡時，跌倒在地，化作一棵綠樹，守在門前等孩子回來。

男孩對這一切都不知道，但他覺得這棵綠樹有一種熟悉

感，他擁抱樹，樹皮粗糙，像媽媽勤勞的手，葉子一面綠，一面紅，就像母親哭紅的眼睛在等她的孩子。

他聽見耳邊傳來樹葉的沙沙聲，彷彿在說：「吃三遍果子才知道果子好吃，孩子長大了，才了解媽媽的心。」

「是媽媽的聲音！」男孩大哭起來。綠樹再次顫抖，張開樹冠擁抱男孩，就像慈母在撫摸自己的孩子。

隨著時間的流逝，男孩不再調皮搗蛋了。他去找了個工作養活自己。每天工作完回到家，在綠樹下一邊吃飯，一邊對綠樹訴說一天發生的事。綠樹總會搖曳枝葉，發出沙沙聲，像是在回應他，而且總會溫柔的垂下枝葉，送給他像牛奶一樣的果實。

在綠樹的看顧之下，小男孩逐漸長大成年。他帶著綠樹生產的香甜水果與朋友分享，告訴他們，自己母親的偉大故事，以及他所犯的錯誤。每個人聽了都很感動，承諾自己會更加努力，珍惜和母親相處的日子。

後來，因為這種果子吃起來很順口，所以人們把它的種子到處撒播，並命名為「牛奶果」。

故事好郵趣

牛奶果是越南周城縣盛產的一種水果，果肉裡飽含乳白色汁液，就像牛奶一樣，於是越南人想像，這種水果是一位慈母化身的，因而有了這個故事。

被喜愛的水果當然會受到越南郵局的重視，一九七五年發行一套八枚的水果郵票時，其中之一就是牛奶果（圖10-1）。這套郵票是由畫家鄧光樂（Dang Quang Lac）所繪製，在蘇聯印刷的。

講到越南的水果，不能不介紹檸檬。檸檬不但是越南重要的外銷農產品，更是每一個越南家庭餐桌上必備的食物。如果你去過越南餐廳，應該會發現，當他們送來越南河粉、米線時，旁邊都會準備一盤切塊的檸檬。越南人在吃河粉或米線之前，總要擠一點檸檬汁加入碗裡，這幾乎是吃越南河粉或越南米線的一種「儀式」。檸檬的酸味可以提味、增加食慾。少了檸檬，越南菜就少了一半的靈魂。

檸檬不但是提味的蘸醬，也常加入菜餚中，如春捲、米線、

圖10-1　1975年發行的越南水果郵票，上排左起分別是桃子、人心果、蓮霧、牛奶果，下排左起仙桃、石榴、榴蓮、李子。（周惠玲收藏）

河粉、糯米飯等，都能吃到檸檬。

如果你還沒吃過越南美食，不妨先用眼睛欣賞郵票上的美食。二〇二〇年為了慶祝「河內－昇龍一〇一〇週年」，發行了一套河內（越南首都）的傳統美食郵票，票面上有雞肉河粉、春捲、烤肉米線和湯粉等（圖10-2）。

圖10-2　2020年發行的河內傳統美食郵票，左上起分別爲雞肉河粉、春捲、烤肉米線和湯粉等。（周惠玲收藏）

每道菜餚旁邊，都有幾小塊檸檬，或用檸檬調味的蘸醬。

這套郵票是由兩位畫家蘇明莊（Tô Minh Trang）和范忠河（Pham Trung Ha）所設計。他們以寫實的風格，從雙重視角同時呈現每一道菜餚；其中由上往下俯看的視角，讓我們能清晰看見菜餚、配菜、擺設和鋪在桌面的香蕉葉。另外，票面上方的白色背景，以河內古街的線條繪圖為襯底。（後記、郵趣／阮氏梅英）

郵趣教室

首日封學問多

陳玉蓮、周惠玲

上一本書《日本昔話與俳句》的「郵信小百科」單元裡，我們曾說，很多人喜歡收集首日封，因為一次擁有了票、封、戳。

郵信小百科

例如，本書第116頁介紹一套圖繪的水果郵票，郵票本身很美麗，可是比較一下首日封（圖11-1），是不是更豐富？封上除貼有四枚郵票之外，還有專為這套郵票繪製的信封，以及設計成榴槤圖案的郵戳。郵戳上的數字是「5.6.1986」，表示發行首日是一九八六年六月五日。這是大家喜歡首日封的另一個理由：首日封上有很多訊息，能幫助我們更加了解這套郵票。現在我們來詳細說明，什麼叫作「首日封」。

所謂「首日封」，是指在新郵票發行首日，將郵票貼在特製信封上，再銷蓋當天郵戳；依照所貼郵票的性質，又可分成「首日套票封」（貼有全套郵票，圖11-2）、「首日低值封」（只貼當中一枚或部分郵票，圖11-3），以及「首日小全張封」（貼有小全張郵票，

圖11-1　馬來西亞1986年的水果郵票首日封，唐輝傑設計。（周惠玲收藏）

圖11-4）。雖說是「當天」的郵戳，但其實全世界郵局都會預先銷戳好一大批票封，好方便集郵者購買。這些預銷戳首日封並不是每間郵局都賣，通常你得到地區最大的郵局去買，或者事先預訂。

首日封上的「發行首日戳」都是精心設計、有圖案的預銷戳，跟一般寄信的銷戳不同，而且是用機器蓋的，比人工銷戳清晰精準。萬一你不喜歡預銷的戳，又想要有圖案的戳，也可以到新郵發行典禮上，看著郵務人員當場蓋戳。

圖11-2　紀念帽子歌后鳳飛飛的「首日套票封」，貼了全套四枚郵票。（陳玉蓮收藏）

發行典禮設有臨時郵局，這種銷戳稱為「臨局戳」，它和預銷戳的圖案略有不同，圖11-4蓋的就是臨局戳，可以和旁邊的預銷戳做比較。

在發行典禮上或郵局臨櫃買了首日封，可以直接帶走，也可以寫上姓名、住址，讓郵局幫你寄回家或寄給朋友。也許你會說，「我才不要上面寫了姓名、住址，還多了一些莫名其妙的戳。」可是你知道嗎？很多集郵迷就喜歡後面這種首日封，因為它經過了郵差

圖11-3　紀念帽子歌后鳳飛飛的「首日低值封」，只貼了一枚郵票。（陳玉蓮收藏）

遞送，叫作「首日實寄封」。

圖11-2、圖11-3和圖11-4，都是首日實寄封。以圖11-2來說，它的預銷戳上除了鳳飛飛的圖像，還有一圈字「發行首日中華郵政 111.8.17」，這是記錄發行單位和日期。信封上另外還有一個郵戳，註記「蘆竹 111.8.18-18」，這叫「落地戳」，表示它在民國111年8月18日18時寄到了蘆竹郵局。

還有一些更講究的集郵者，不但堅持「實寄」，還追求「原地」。什麼叫

圖11-4　左：馬偕來臺150周年紀念郵票的「首日小全張封」，貼有小全張郵票並銷了臨局戳。（周惠玲收藏）右：該套郵票的首日預銷戳。

作「原地」呢？就是從郵票主題相關的郵局投遞或收取。以鳳飛飛這套郵票來說，因為她出生在大溪，所以很多集郵迷就在發行當天，專程到她的故鄉大溪郵局去寄出首日封，或者把首日封寄到大溪郵局去臨局存取。

來看圖11-5這套「原地實寄首日封」，全套四枚郵票上銷了「鶯歌111.8.17-10　甲　鳳鳴」，表示在民國一一一年八月十七日十點從鶯歌鎮的鳳鳴郵局寄出。鶯歌鳳鳴，寓意鳳

圖11-5　從鶯歌鳳鳴郵局寄到大溪郵局的「原地實寄首日套票封」，郵友自貼郵票，也沒有發行首日的預銷戳。（周惠玲收藏）

飛飛鳴唱歌聲如黃鶯出谷，「甲」是一般郵務櫃檯的用戳。底下的兩個戳，「大溪　111.8.18-9　庚　335」表示在隔天九點寄到郵遞區號335的大溪郵局，「庚」是限時掛號用的落地戳。另一個「大溪　111.8.18-12　甲　335」表示它在十二點的時候轉到了郵務櫃檯，等待收件人來領取。

圖11-3也是「原地實寄首日封」，因為發行典禮就設在馬偕傳

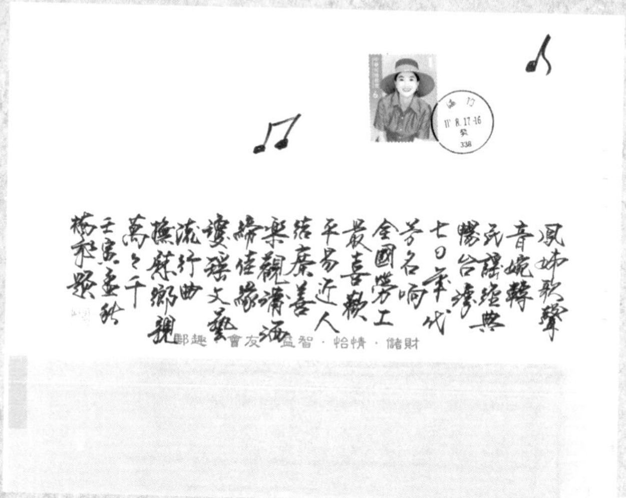

圖11-6　郵友黃楠飛先生自製的首日封，上面銷有「集郵戳（癸）」。（陳玉蓮收藏）

教的淡水教堂，它從典禮的臨時郵局寄出，在發行日的隔天送到收件人住址，所以只有落地的庚戳，而沒有臨櫃的甲戳。

最後要說的是，其實首日封不一定要去買郵局印製的信封，你也可以自製，例如圖11-6就是一位郵友的創意作品，他的首日封上銷的是「癸」字，這是未經實寄的戳，是郵局特別為集郵迷服務的「集郵戳」。

不管哪種，只要你喜歡，凡是有「郵票＋主題信封＋發行首日郵戳」的組合，就是一枚完美的首日封。

郵戲動手做

輕鬆完成一封信

花格子

現在大家很習慣透過LINE、Email、FB……來跟別人聯絡，可是，一封手寫的信就像一杯獨一無二的珍珠奶茶——每個人獨特的筆跡、選用的紙張信封，還有信封上的美麗郵票，讓收信人讀起來，既甜蜜溫暖又耐人咀嚼。

所以，有機會一定要多多寫信。不必害怕，這篇文章可以幫助你輕鬆學會寫信，快提筆試試看吧！

一、寫信六步驟

一封信大致可分成以下六部分，建議每一部分都獨立段落。

（一）稱呼：

信的一開頭，要先稱呼對方，這是基本禮儀，也明確表明收信對象。平時你怎麼叫她／他，信裡就怎麼寫，但建議加上形容詞，例如：「聰明的表姊」、「親愛的外婆」等，這樣讀起來就會更生動。小提醒，稱呼要頂格寫，不必空兩格。

（二）問候：

好朋友見面時總會先寒暄幾句，寫信也一樣，先問候一兩句，暖身一下，表達關心、想念或感謝。例如：「自從暑假營隊結束，我們已經兩個月沒見了，我好想你！」或者：「外婆最近身體好嗎？」也可以配合時節：「新年快樂！」

（三）正文：

不管是開心的、傷心的、或百思不得其解想問的事，在這個段落中都可以盡情的發揮。如果很長，可以分成幾段寫，但記得每一段都要另起一行，空兩格。

（四）祝福：

寫完了正文，可以寫下幾句祝福語，來作結尾。祝福語要看對象寫，例如對長輩，常用的是「健康平安」、「長命百歲」；對生病的人，可祝他「早日康復」；多數女孩喜歡「青春美麗」；學生則祝他「學業進步」。通用的祝福語還有：天天開心、喜樂平安、心想事成等。

（五）署名：

信的最後一定要註明自己的名字。以前曾有學生寫卡片寄給高中導師，祝他教師節快樂！沒想到竟然忘記署名了，老師只好從字跡去猜測寫信者是誰，結果回錯了人，真是烏龍一場啊！署名也可以加上稱謂呵！例如：「你的好友○○筆」、「您可愛的孫子○○敬上」，一般不必寫全名。格式則是從祝福語後面空一兩行，對齊句尾書寫。

（六）日期

中文書信的日期會寫在名字的下一行，同樣是對齊句尾書寫。例如「○○年○月○日」

以上六個步驟，你都學會了嗎？我們再來快速複習一遍（你可以在第四欄的空白處練習看看）：

步驟	內容	範例	你的練習	小叮嚀
1	稱呼	親愛的爺爺：		加上形容詞 頂格寫
2	貼切的 問候	最近身體都好嗎？		換行空兩格
3	內容與 主題	1.最近棒球隊比賽的情形…… 2.暑假將到山上找爺爺玩，懷念以前一起摘龍眼……		可分段 每段空兩格 長短不限
4	祝福 的話	身體健康！ 天天開心！		依對象寫合適的祝福語
5	你的 稱謂與 名字	孫子○○敬上		身爲晚輩用「敬上」 平輩可用「筆」
6	日期	民國111年○月○日，或西元2022.○.○		用西元或民國皆可

二、信封寫法

國內信封寫法，可以參考以下中華郵政的標準格式：

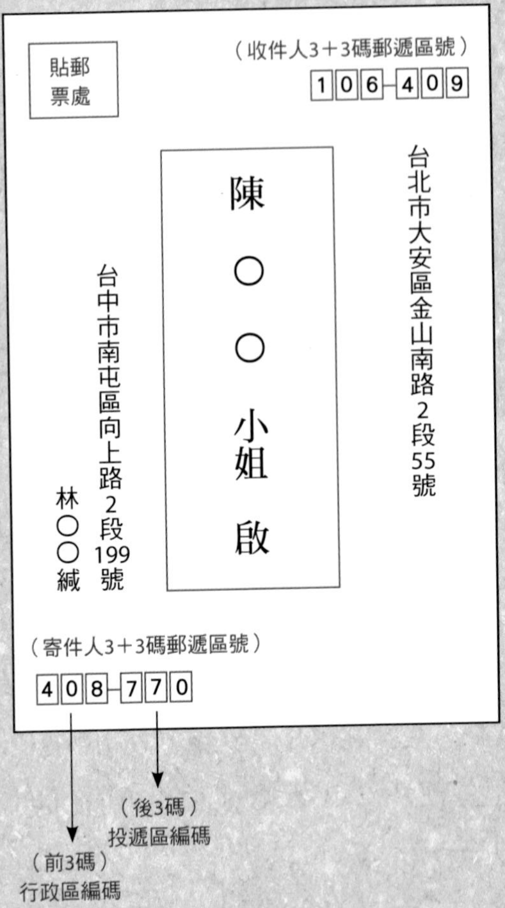

圖12-1　國內直式／中式信書寫範例

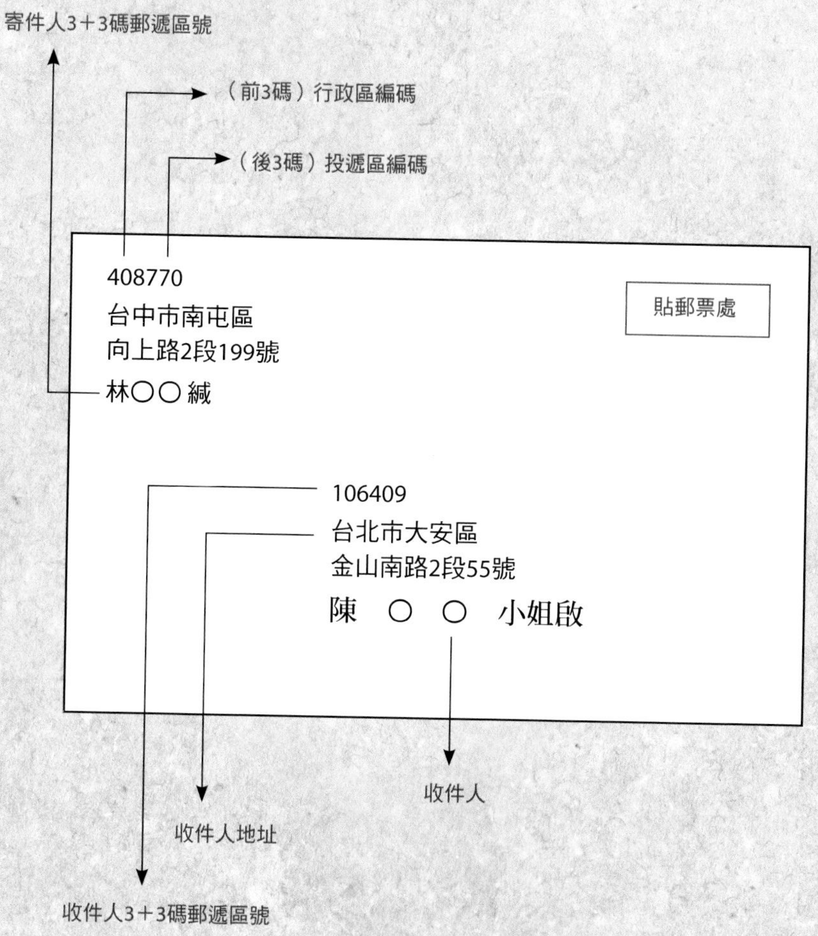

圖12-2　國內橫式／西式信書寫範例

收件者稱謂，是從郵差的角度來稱呼收信人，例如先生、小姐、小朋友……，千萬不要寫爺爺、阿姨呵！

三、郵票

最後，記得在信封上貼上郵票。該貼幾元郵票，和你寄出的郵件重量以及寄送方式有關。一般來說，低於20公克的普通信件要貼8元郵票，限時信是15元。如果想加上掛號讓對方簽收，普通掛號郵資28元，限時掛號35元。

如果不知道也不必擔心，郵局寄信窗口的人員都會親切告訴你的。

收到一封關懷的信是快樂的，寫一封有趣的信也是快樂的，祝福你成為快樂的接收者與傳遞者。

編輯後記

東ㄉㄨㄥ南ㄋㄢˊ亞ㄧㄚˋ的˙ㄉㄜ故ㄍㄨˋ事ㄕˋ真ㄓㄣ美ㄇㄟˇ味ㄨㄟˋ

周惠玲

編輯這本書的過程中，我一直忍著，不讓口水滴在電腦鍵盤上。

從沒讀過哪個地方的童話和傳說，竟有這麼多是跟吃相關的：香甜多汁的〈西瓜傳說〉、會流出白色奶汁的〈牛奶果〉、為了吃紅毛丹〈鼠鹿與鱷魚〉展開鬥智……以上是水果的故事；而〈龍子仙孫〉、〈稻神〉、〈潑水節〉等都是跟米食有關的，包括越南粽子和糍粑、緬甸的糯米糕、馬來西亞的彩色千層糕和網餅……還有〈貝殼王子〉裡講到泰國宮廷美食的蔬果雕刻，印尼〈多峇湖〉和〈大嘴石〉故事裡的魚、烹飪手法和各式香料。其中最奇妙的就是〈金色大黃瓜〉，女主角竟然用蝦醬當武器，對抗綠巨人。

東南亞朋友真是太有想像力，太懂美食了！光是讀這些故事、看這些美麗的郵票，我彷彿就到了東南亞。郵票裡蘊含了豐富的文化背景，值得深入仔細探索。例如有一套「娘惹衫」小全張（圖13-1），是罕見的雷射切割鏤空郵票，而且票面展現了薄如蟬翼的刺繡服飾和各種水果

圖13-1　馬來西亞 2013年發行的小全張，以峇峇娘惹博物館收藏的娘惹衫爲主題。（周惠玲收藏）

圖案，又美又特別，難怪當年得到維也納世界郵展的金獎。

更讓人感動的是郵票背後的故事：這是麻六甲「峇峇娘惹博物館」（Baba Nyonya Heritage Museum）的收藏品之一，博物館原是華僑曾氏家族的祖屋，名稱源自六百多年前華人移民到東南亞後，和當地住民生下的後代（兒子叫作峇峇，女兒叫娘惹）。從博物館的命名，可以見證不同族群血緣融合的過程。同一套郵票還有這間博物館的外觀，以及華人的傳統服裝、器物。

另外，你知道嗎？其實更早在大約五千多年以前，臺灣就有許多原住民（南島語族）遷徙到東南亞的菲律賓、馬來西亞、印尼等地。因此，臺灣人和東南亞朋友的關係，比我們所知道的更密切，包括語言、器物、飲食都有連結。

更何況，近年來許多東南亞朋友因為工作或婚姻來臺定居，已逐漸融入臺灣社會。也許在你我的身邊，就有家人、親戚或朋友是來自東南亞的新住民呢！既然是我們的親友，當然要好好來認識他們的故鄉和文化傳承，而從故事和美食入門，可說是最幸福的方式了。

在臺灣，要品嘗東南亞美食並不困難，尤其藉由新住民朋友的引入，東南亞美食也逐漸成為臺灣食物的一環。就算你沒吃過，可能也曾在商店街看過有人賣娘惹糕，或者路過印尼餐廳，聞過沙嗲烤肉串（圖13-2）、南洋咖哩的香味。你會不會好奇，那是什麼樣的滋味呢？

東南亞的飲食受到地理環境的影響很大。在本書中，我們看到許多跟魚有關的傳說和美食（圖13-3），可以想見，這是因為東南亞大部分被海洋包圍。另外，由於

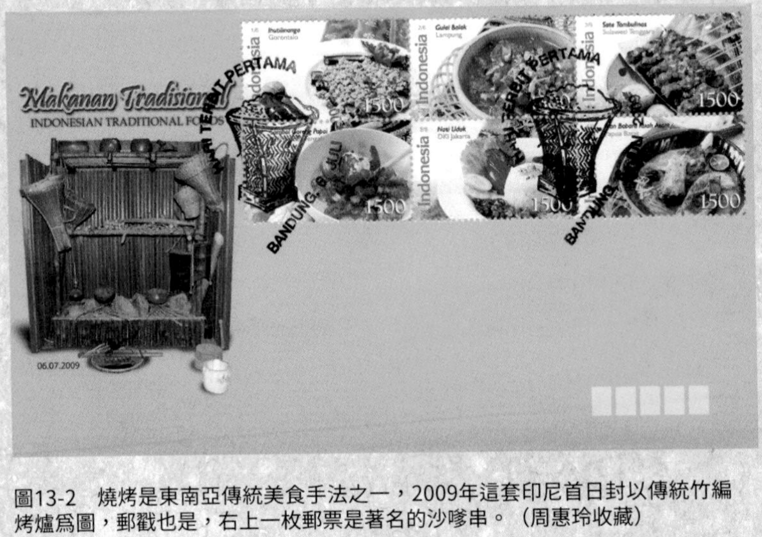

圖13-2　燒烤是東南亞傳統美食手法之一，2009年這套印尼首日封以傳統竹編烤爐爲圖，郵戳也是，右上一枚郵票是著名的沙嗲串。（周惠玲收藏）

氣候炎熱，東南亞人偏好酸甜辛辣的開胃食物；又因為各種熱帶植物生長茂盛，會大量用蔬果甚至花卉入菜（圖13-4）。還有，印尼的摩鹿加群島（印尼語Kepulauan Maluku）有「香料群島」之稱，那裡生長著種類繁多的香辛植物，當地人把這些香料用在烹調中，讓食物具有

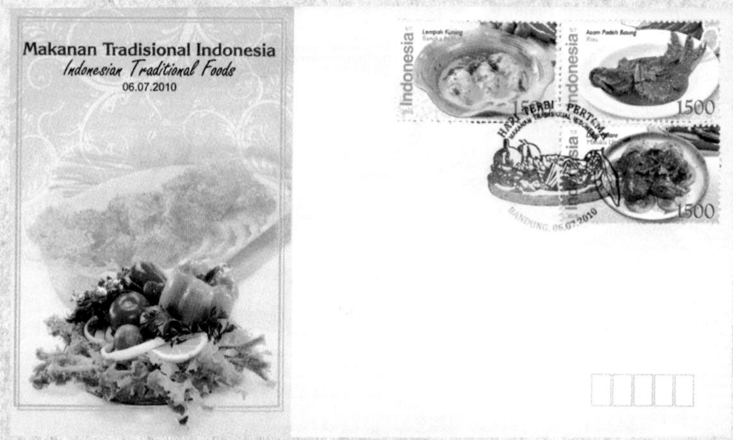

圖13-3　海鮮和蔬果是東南亞料理的主要食材，2010年這套印尼傳統美食的首日封展現出各種魚料理，左上是極富特色的Lempah Kuning，用香料、鳳梨將海魚煮至黃色。（周惠玲收藏）

誘人的香氣。影響所及，鄰近的馬來西亞、泰國也都常用香料入菜（圖13-5）。

除了丁香、豆蔻、八角之外，可可和咖啡也是香料群島的重要產物（圖13-6）。在〈西瓜傳說〉的郵趣單元裡介紹過，越南是全世界第二大咖啡外銷國，其實印尼的咖啡也很有名，尤其是名貴的麝

圖13-4　花卉也可以做成料理，馬來西亞2021年的食用花卉主題郵票，上排左起是木瓜花、蝶豆花，下方是火炬薑（異形小全張）。（周惠玲收藏）

香貓咖啡。

哎，關於東南亞美食，三天三夜都說不完，就請大家先從這本書裡的郵票欣賞起吧！

我收藏東南亞郵票很多年了，主要是童話郵票。但因為語言的隔閡，一直停留在畫面的欣賞，沒辦法深入了解；也因此，二〇一三年在臺北市中山堂策畫「世界經典童話郵票展」時，

圖13-5　2011年馬來西亞以辛香料爲主題發行郵票，這枚小全張首日封上列出茴香、八角、豆蔻、薑黃、辣椒、石栗、香菜、肉桂。（周惠玲收藏）

並沒有展出東南亞的童話郵票，如今想起來仍覺得很遺憾。因此，這本書能邀請教育廣播電臺「幸福聯合國」節目的幾位主持人，來為我們說故事，把東南亞的傳說、美食和美麗的郵票介紹給大家，實在太幸運了！

這幾位主持人（圖13-7）來到臺灣幾十年，早已經和在地臺灣人融為一體了。他們的國、臺語流利，學識豐富，不但在

圖13-6　2021年發行的印尼農特產品小全張，包括咖啡、茶葉、腰果、香草、丁香、肉荳蔻。（周惠玲收藏）

電臺和大家分享新住民的文化和生活，也在大學、企業擔任講師，更會到國小和圖書館為小朋友說故事。

感謝他們，那些塵封的郵票終於能開口說話了，還當起了導遊，帶大家越過太平洋，踏上香料群島、馬來半島，去體會奇妙又美味的故事。

圖13-7　本書作者群——左起匡春芝、葉碧珠、丁安妮、王麗蘭、阮氏梅英。（「幸福聯合國」節目提供）

Q82005

有故事的郵票5 東南亞傳說與美食

故事作者 — 丁安妮、王麗蘭、匡春芝、阮氏梅英、
葉碧珠、周惠玲

故事繪圖 — rabbit44

郵信小百科 — 陳玉蓮、周惠玲

郵戲動手做 — 花格子

編輯總監 — 周惠玲

校對 — 俞珩、董宜俐

封面設計 — 黃子欽

內頁設計 — 黃淑雅

發行人 — 王榮文

出版發行 — 遠流出版事業股份有限公司
104005 臺北市中山北路一段11號13樓
郵撥：0189456-1 電話：(02)2571-0297
傳真：(02)2571-0197

著作權顧問 — 蕭雄淋律師

輸出印刷 — 中原造像股份有限公司

初版一刷 — 2022年11月1日

YL*ib*遠流博識網 http://www.ylib.com Email: ylib@ylib.com
遠流粉絲團 http://www.facebook.com/ylibfans

定價 新臺幣370元
ISBN 978-957-32-9836-6

國家圖書館出版品預行編目（CIP）資料

東南亞傳說與美食 / 丁安妮、王麗蘭、匡春芝，
阮氏梅英、周惠玲、葉碧珠作；rabbit44繪圖.
-- 初版. -- 臺北市：遠流出版事業股份有限公司，
2022.11 172面；15×21公分（有故事的郵票；5）

ISBN 978-957-32-9836-6(平裝)

1.CST: 郵票 2.CST: 民間故事 3.CST: 東南亞

557.64638 111015987